Frederic Chopin
(1810-1849)

Waltzes

Valses

Walzer

for piano • pour piano • für Klavier

Urtext

K 105

INDEX

Grande Valse brillante ("Invitation pour la Danse") Op. 18., BI 62	Vivo	pag. 4
Grande Valse brillante Op. 34., No. 1., BI 94	Vivace	pag. 14
Grande Valse brillante Op. 34., No. 2., BI 64	Lento	pag. 24
Grande Valse brillante ("Le Chat") Op. 34., No. 3., BI 118	Vivace	pag. 30
Valse, ("Grande Valse Nouvelle") Op. 42., BI 131		pag. 36
Valse, ("Momant") Op. 64., No. 1., BI 164	Molto vivace	pag. 46
Valse Op. 64., No. 2., BI 164	Tempo giusto	pag. 50
Valse Op. 64., No. 3., BI 164	Moderato	pag. 56
Valse, ("L'Adieu"), Version autographe Op. 69., No. 1., BI 95	Tempo di Valse	pag. 62
Valse, Version de Fontana Op. 69., No. 1.	Lento	pag. 64
Valse, Version autographe Op. 69., No. 2., BI 35		pag. 68

K 105

Valse, Version de Fontana Op. 69., No. 2.	*Moderato*	pag. 71
Valse, Version autographe Op. 70., No. 1., BI 92		pag. 77
Valse, Version de Fontana Op. 70., No. 1.	*Molto vivace* *brillante f*	pag. 80
Valse, Version autographe Op. 70., No. 2. BI 138		pag. 84
Valse, Version de Fontana Op. 70., No. 2.	*Tempo giusto*	pag. 86
Valse Op. 70., No. 3., BI 40	*Moderato* *dolce e legato*	pag. 90
Valse BI 21		pag. 94
Valse BI 44	*Tempo di Valse*	pag. 96
Valse BI 46		pag. 100
Valse BI 56	*grazioso*	pag. 103
(✸✸✸) BI 133	*Sostenuto*	pag. 108
Valse BI 150	*Allegretto*	pag. 109

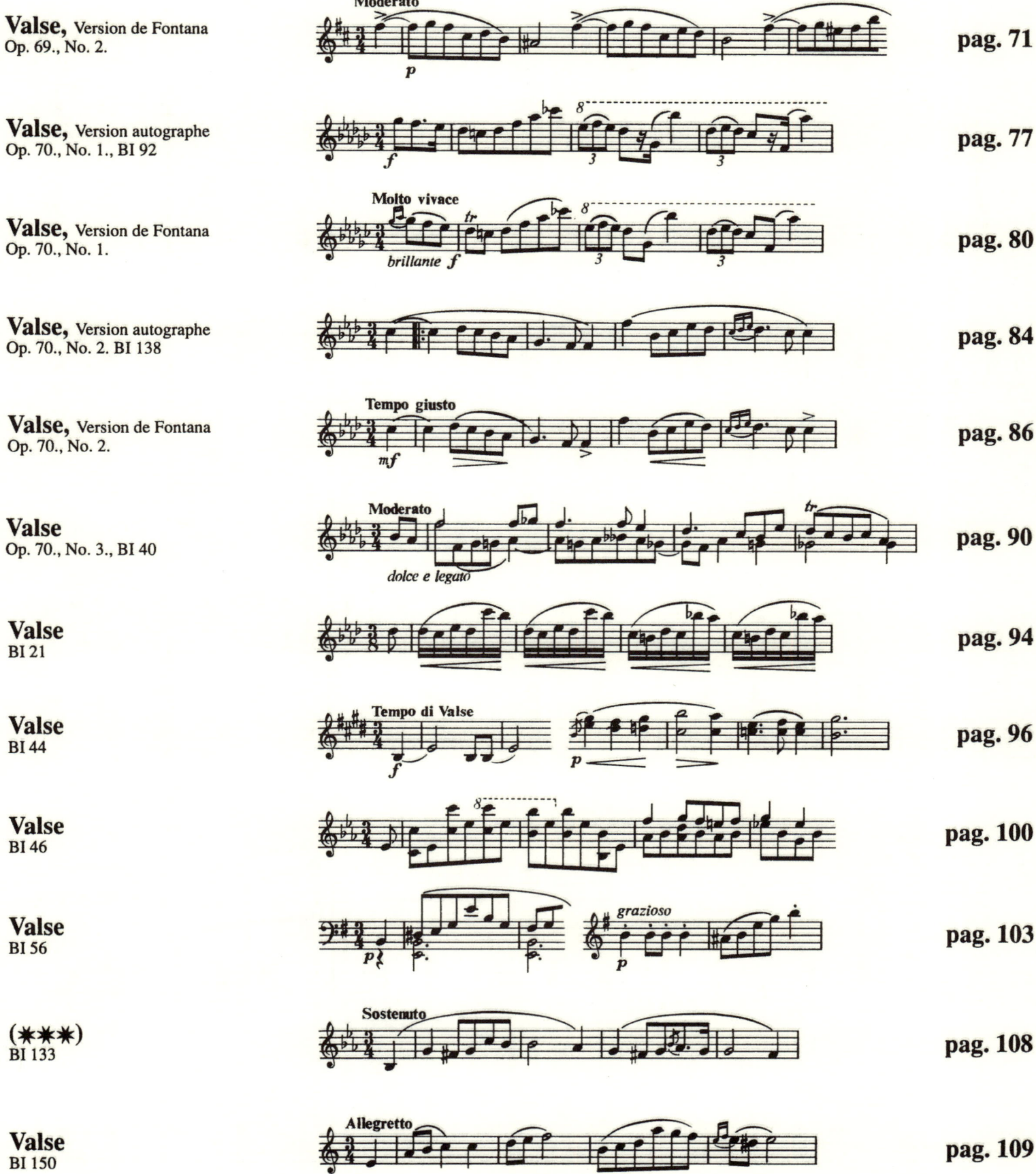

K 105

dédiée à Mlle Laura Horsford

Grande Valse brillante

Op. 18
Brown-Index 62
Wien, 1831

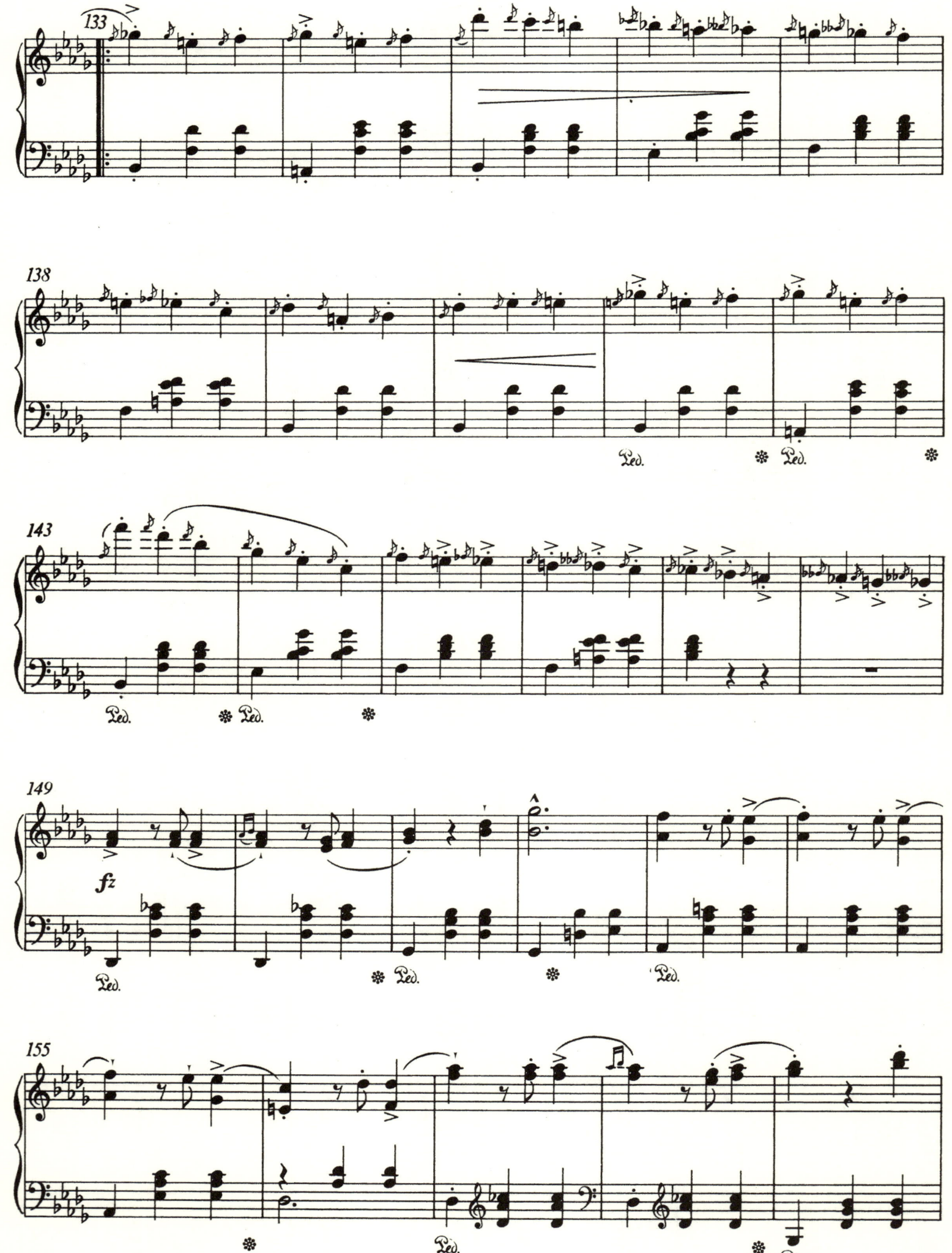

à Mlle J. de Thun-Hohenstein

Grande Valse brillante

Op. 34., No. 1.
Brown-Index 94
Děčín (Tetschen), 1835

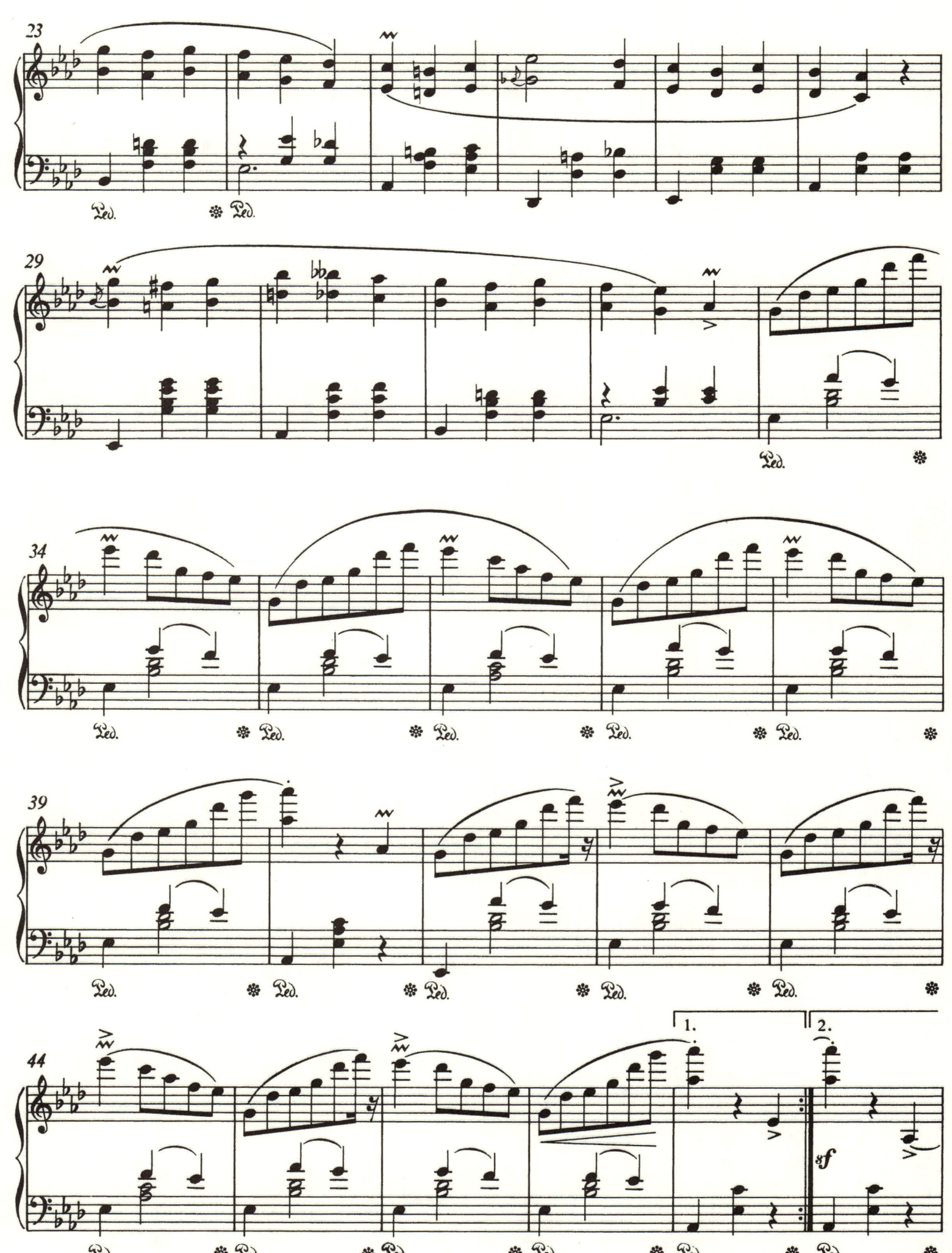

à Madame la Baronne C. d'Ivry

Grande Valse brillante

Op. 34., No. 2.
Brown-Index 64
Wien, 1831

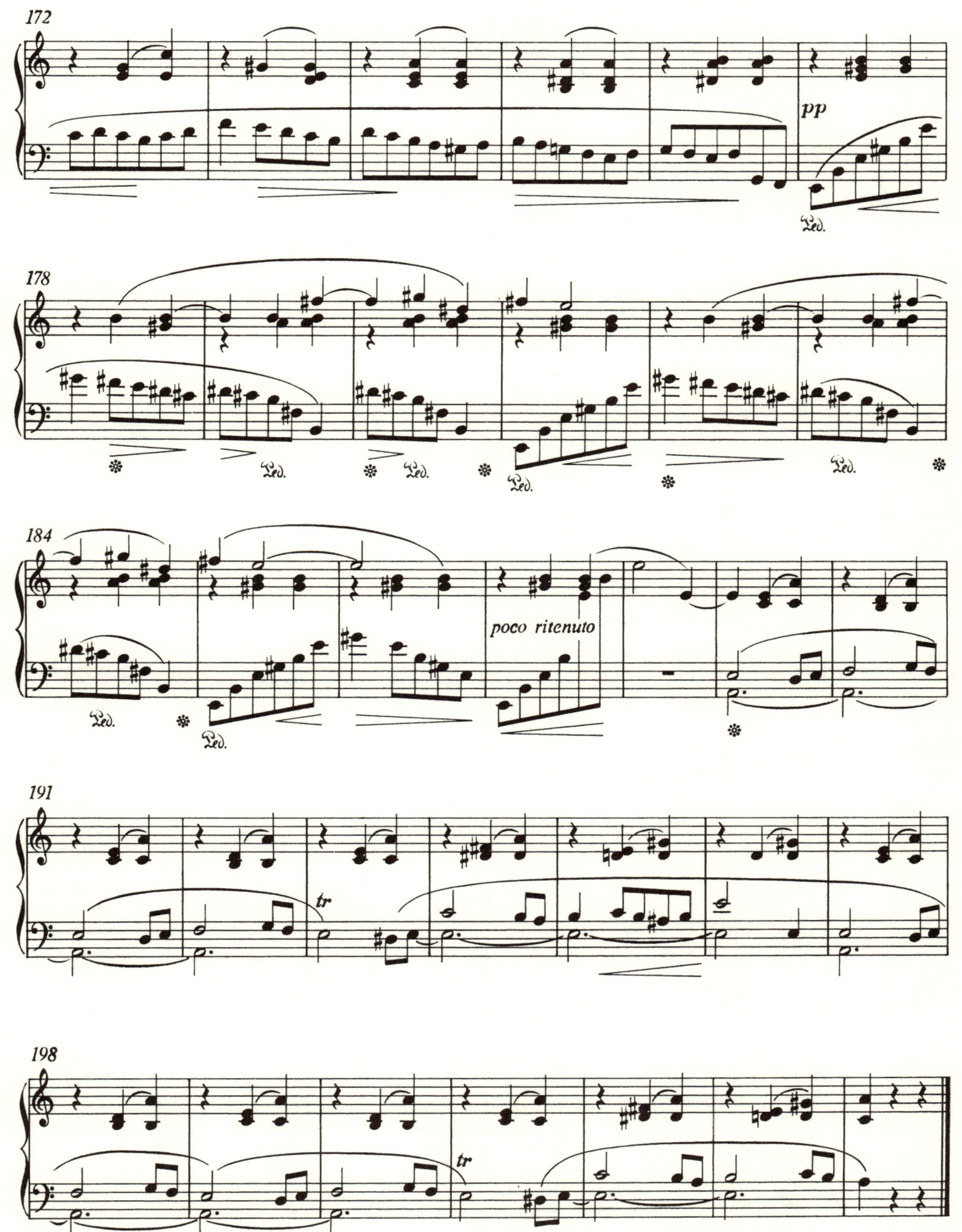

à Mademoiselle A. d'Eichtal

Grande Valse brillante

Op. 34., No. 3.
Brown-Index 118
1838

Valse

Op. 42.
Brown-Index 131
1840

à Madame la Baronne Nathaniel de Rothschild

Valse

Op. 64., No. 2.
Brown-Index 164
1846–47

à Mademoiselle la Comtesse Catherine Branicka

Valse

Op. 64., No. 3.
Brown-Index 164
1846–47

pour Mlle Marie

Valse
Version autographe

Op. 69., No. 1.
Brown-Index 95
Dresden, 1835

Valse
Version de Fontana

Op. 69., No. 1.
Brown-Index 95

Valse
Version autographe

Op. 69., No. 2.
Brown-Index 35
1829

Valse da Capo al Fine

Valse
Version de Fontana

Op. 69., No. 2.
Brown-Index 35

Valse
Version autographe

Op. 70., No. 1.
Brown-Index 92
1833

Fine

Valse
Version de Fontana

Op. 70., No. 1.
Brown-Index 92

à Mlle Elise Gavard

Valse
Version autographe

Op. 70., No. 2.
Brown-Index 138
Paris, 1841

Valse
Version de Fontana

Op. 70., No. 2.
Brown-Index 138

Valse

Op. 70., No. 3.
Brown-Index 40
1829

Fine o da Capo il Valzo

Valse

Brown-Index 21
1827

Valse

Brown-Index 44
1829

Valse

Brown-Index 46
1829–30

Valse

Brown-Index 56
1830

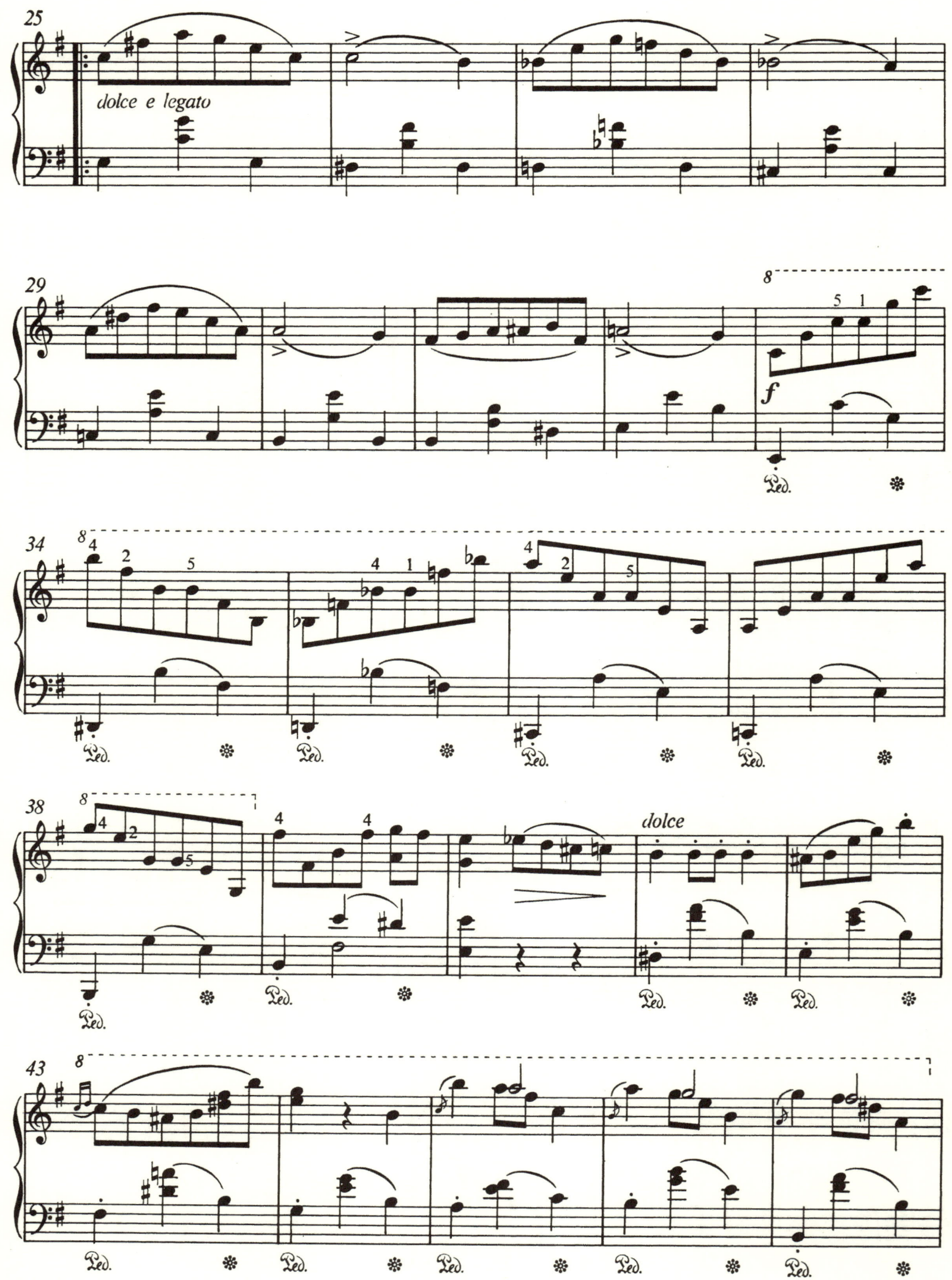

Valse

Allegretto

Brown-Index 150
1843 (?)

 **MUSICA PIANO**

OVER 25.000 PAGES OF PIANO MUSIC SHEETS ONLINE

Bach, Beethoven, Brahms, Chopin, Czerny, Debussy, Gershwin, Dvořák, Grieg, Haydn, Joplin, Lyadov, Mendelssohn-Bartholdy, Mozart, Mussorgsky, Purcell, Schubert, Schumann, Scriabin, Tchaikovsky and many more

KÖNEMANN

© 2018 koenemann.com GmbH
www.koenemann.com

Editor: Gábor Csalog
Responsible co-editor: Tamás Záskaliczky
Technical editor: Dezső Varga
Engraved by Kottamester Bt., Budapest

ISBN 978-3-7419-1438-6

Printed in China by Reliance Printing